DISSERTATION
HISTORIQUE
ET
POLITIQUE,

SVR

LE TRAITTE
FAIT ENTRE LE ROY
ET LE DUC CHARLES,

Touchant

LA LORRAINE.

M. DC. LXII.

MATIERES
de cette Dissertation.

Motifs du Roy dans ce Traitté auec le Duc Charles.

I.
Que la Lorraine n'eſt pas vn Membre de l'Empire d'Allemagne, mais de celuy de France.

II.
Suite du meſme ſuiet.

III.
Que le Roy eſt le vray Empereur des Romains, l'Empire ayant eſté vny inſeparablement à la Monarchie de France.

IV.
Que l'Empire Romain n'a pû eſtre porté en Allemagne : Les Empereurs d'Allemagne nõmez ſeulement Rois.

V.
Preeminence des Roys de France ſur les Empereurs d'Allemagne, preuuée.

VI.
La Maiſon de Lorraine ne tire point ſon Origine de l'Auguſte Maiſon de France.

VII.
La Lorraine eſtant vn Membre de l'Eſtat de France, qui n'en a pû eſtre ſeparé, elle appartient au Roy par le Droit Public.

VIII.
Cõme conquiſe elle luy appartient par le Droit des Gents.

IX.
Eſtant vne Principauté Hereditaire, Patrimoniale, & qui participe de la Nature du Fief, elle appartient encore au Roy par le Droit Ciuil.

A V

AV ROY,
Empereur des François
& des Romains.

SIRE,

L' étenduë de la gloire des Princes dépend également de l' étenduë de leur intelligence, & de celle de leurs Empires. On mesure leurs loüanges à leur puissance. Comme vne petite & foible Principauté n'est pas considerable entre les celebres Estats, celuy qui là gouuerne, quelque excellent & merveilleux qu'il soit, aura difficilement place entre les Grands Princes, quoy qu'il en ait entre les Grands Hommes. C'est pourquoy, SIRE, les Monarques qui ont aspiré à la Gloire, ont desiré passionnément d'agrandir leurs Estats, & de les étendre au de là de leurs anciennes limites. Ils n'ont pas ignoré qu'vne puissance non commune produit toûiours une admiration extraordinaire. La Grandeur de Dieu est plus éclatante dans le Soleil que dans vne Estoile. D'ailleurs, SIRE, les Princes vertueux ne nient point de devoir à leurs Estats ce que les Peres doiuent à leurs Enfans. Le Pere de Famille qui éleue la fortune de ses Enfans au dessus de la condition où il est né, est le iuste suiet des loüanges de l'Oeconomie, & le Roy qui aioûte à son Estat de nouuelles Prouinces, merite toutes celles de la Politique : On le met au rang des Heros. Vous auez commencé, SIRE, à rendre par vos Conquestes à la Monarchie Françoise, son ancienne étenduë ; Et par vos sages Conseils vous auez osté à vos Côquêtes ce qu'elles auoient de violent, & effacé ce qui les rendoit terribles. Le Traitté que V. M. a fait auec le Duc Charles, pour vous asseurer la Lorraine, est vn Ouvrage digne d'vne loüange immortelle, comme il l'a esté de vos soins & de vos applications. Il a tous les auantages de la Paix, & ne vous oste rien de l'éclat de la victoire. Neantmoins, quoy que tous admirent ce grand effet de vostre Prudence Politique, tous ne donnent pas à leur admiration la liberté de se produire. Les Ennemis de vôtre gloire trauaillent à infecter de leur

mali-

In multitudine populi dignitas Regis. Prou. c. 2.

malignité les penſées des meilleurs & des plus vertueux, iuſques
dans les cœurs & dans les ames. Les puiſſances Eſtrangeres eſtant
trop foibles pour arreſter le torrent de vos proſperitez, leur reſi-
ſtent du moins par leur enuie & par leur chagrin : Ce ſont les Armes impuiſſantes que les Victorieux n'arrachent iamais aux Vaincus. Ce qui ne s'accommode pas auecque leurs intereſts, leur
ſemble choquer la iuſtice ; & ces ſecrets Ennemis ne voudroient
pas que le Duc Charles euſt pû ce qu'ils auroient voulu pouuoir
luy diſſuader. La Raiſon d'Eſtat qui n'eſt pas moins differente de
la Raiſon commune, que le Gouuernement du Corps Politique l'eſt
de celuy des Corps Naturels, doit decider cette queſtion. Son vni-
que fin eſt la felicité & la Gloire Publique. Tous les Magiſtrats,
quelque ſplendeur qui les enuironne, obeiſſent à la Souueraineté
du Prince ; & toutes les Loix, pour ſaintes qu'elles ſoient, ceſſe-
roient de l'eſtre, ſi elles ceſſoient d'obeïr à la Souueraineté de cette
Loy ſacrée & inuiolable. Ce qu'elle authoriſe & ce qu'elle ap-
prouue l'eſt toûiours par les autres, qui n'ons d'authorité que ce
qu'elle leur en preſte. Vous auez ſuiuy les mouuemens de cette
Raiſon Politique lors que vous vous eſtes propoſé, SIRE, de reünir
au corps de voſtre Royaume des Membres qui en auoient eſté
détachez depuis tant de Siecles. Le Duc Charles a rendu à voſtre
Couronne ce qui eſt à elle ; il vous a cedé vne proprieté qu'il ne
pouuoit iamais acquerir. Ses Predeceſſeurs s'eſtoient fait vn Eſtat
de l'vn des Membres du Corps de voſtre Eſtat, & vne Couronne
de l'vn des Fleurons de la voſtre. Vne vſurpation ſi viſible eſtoit
ſon Titre, & le Droit Public s'oppoſoit à tous les artifices que l'on
mettoit en vſage pour la faire paſſer en la nature de la legitime
poſſeſſion. Il eſtoit impoſſible qu'il eût plus de droit que ſes
Autheurs : Dans la Politique de meſme que dans la Nature, les
branches reçoiuent de leur tronc & de leurs racines ce qu'elles ont
de vie & de vigueur. En vain, ils ont oſé publier que le Duché de
Lorraine eſt vn Fief de l'Empire, & qu'ils ſont le vray ſang de
Charlemagne. Il eſt aiſé de faire voir que s'ils ont paſſé le Rhin &
porté à l'Allemagne vn droit qu'elle n'auoit point, ce n'a eſté que
pour meriter ſa protection en ſe donnant à elle : Et s'ils ont pe-
netré dans le Sanctuaire de voſtre auguſte origine : ce n'a eſté que
pour fortifier vne iniuſtice effectiue par vne imaginatiõ fabuleuſe.

Ils

Ils ont esperé de persuader aux Peuples de ne trouuer pas estrange
que les Enfans de Charlemagne possedassent vne partie de son
Estat, & à V. M. de ne point exercer rigoureusement contr'eux tous
les droits d'vne Couronne qui a esté sur la teste de leur Ayeuls. Ces
deux points, SIRE, ont toûiours esté le fondement de leur possession, ou pour mieux dire l'excuse de leur vsurpation. Mais ie pretens
en tirer la preuue de la iustice de ce Traitté qui vient de couronner
tous les auantages que vos Armes vous ont donnez.

I.

CLODION second Roy des François, commença la Conqueste
des Gaules, & les Enfans de Clouis l'acheuerent. Elles furent
diuisees alors en deux parties: Celle qui eût pour limites le Rhin,
l'Escaut & la Meuse, fut appellee Osterreich, & l'autre Vvestreich.
Ny l'vne ny l'autre n'ayant pas long-temps gardé la pureté de son
Nom; celuy d'Osterreich fut corrompu en celuy d'Austrasie & d'
Austriche; & de celuy de Vvestreich on fit Vestrasie & Neustrie.
L'Austrasie fut le Royaume de Thierry, dans le partage de l'Estat
de Clouis, & Mets en fut la Ville Capitale. Elle comprenoit tous
les Païs-Bas, la Lorraine, & l'Alsace. La premiere Race des Rois
vos Predecesseurs, SIRE, l'ayant paisiblement possedée durant
ccc. xxxi. an, la seconde ne fut troublée dans cette possession   332.
qu'apres la mort de l'Empereur Louïs le Begue. Lothaire fils de
l'Empereur Lothaire, luy donna son nom en celuy de Loterreich,
qui est l'origine de ceux de Lothier, de Lotraine, de Lorehaine, &
de Lorraine. Enfin elle fut partagée entre Charles le Chauue &
Louïs Roy de Germanie, son Frere, l'An DCCC. LXXV. Ce qui fut   875.
donné à Louïs fut apellé la Basse Lorraine, & le Duché des Rispuai-
res, & ce qui resta à Charles fut la Haute Lorraine, & eut encore Dauid.
le nom de Duché de Mosellane, à cause que la Moselle perçoit Blondell.
presque toutes ses Prouinces. Cinq Dioceses composoient princi- Geneal.
palement la Basse Lorraine; ce sont ceux de Cologne, d'Vtrech, du Franc.
Liege, de Cambray & de Tournay; comme ceux de Treues, de Tom. 2. f.
Strasbourg, de Mets, de Verdun, & de Toul, composoient l'autre. 268.
Aix la Chappelle fut la Ville Capitale de celle-là, & Mets le fut de
celle-cy. Toutes deux conseruerent le nom de Duché, & quand les
Rois d'Allemagne eurent vsurpé la Haute Lorraine, tout ce Corps
A 3   eût

958.

eût le Titre d'Archiduché, dont Brunon, Archeuefque de Cologne, fut l'Autheur, enuiron l'An DCCCC. LVIII. comme il le fut auſſi du Duché du Moſellane. Loüis de Germanie eſtant mort, Loüis l'aiſné de ſes Fils, luy ſucceda en la baſſe Lorraine. Comme c'etoit vn Prince ambitieux il contraignit Loüis & Carloman, Fils naturels de Loüis le Begue, & vſurpateurs de ſa Couronne, de luy donner encore la Haute Lorraine. Iamais cette Monarchie n'a ſouffert d'auſſi horrible confuſion que celle qui ſuiuit la mort de Loüis le Begue. Boſon, Gendre de Loüis, Empereur & Roy d'Italie ; Rodolphe, Fils de Conrad ; & Guy, Duc de Spolette, pretendoient à ſa ſucceſſion, de meſme que Loüis & Carloman. Mais l'indignation que conceurent contre Boſon les Grands de l'Eſtat, apres qu'il eût

Hiſt. de
Dauph.
liu. 10. ſ. 8.
Reginon
les appelle
Degeneres
lib. 2. ad
Ann. 879.

eſté declaré Roy, dans le Palais de Mantaille, aupres de Vienne, mit la Couronne ſur la teſte de Loüis & de Carloman, que la iuſtice en auroit dû faire tomber. La Reine Adelaïs eſtoit accouchée de Charles apres la mort de Louïs le Begue, & nul que ce Poſthume n'eſtoit le Roy. Son âge & les factions furent neantmoins vn obſtacle au droit de ſa naiſſance, & ſous le Regne d'vn ſeul la France vit pluſieurs Rois. Loüis & Carloman ; Charles le Gras ; Robert, Eudes, & Raoul, vſurperent la Souueraine authorité durant ſon Regne. Il n'eſtoit âgé que de douze ans quand il fut ſacré Roy, & n'en auoit que dix-ſept quand Eudes mourut. Quel moyen de ſe perſuader que ces Tyrans & ces vſurpateurs ayans traitté auec les Rois de Germanie, ayent rien pû conclurre auec eux qui ait obligé Charles ? En effet, d'abord qu'il ſe crût aſſez raffermy dans ſon Eſtat, il porta ſes Armes dans la Lorraine. Apres la mort d'Arnoul il la poſſeda ſi abſolument, qu'il luy donna pour Gouuerneur Gislebert, Fils du Comte, Renier, qui l'auoit vtilement ſeruy. Ce qui fauoriſoit l'uſurpation de ces Princes, qui regnoiens en Allemagne, c'eſt qu'ils eſtoient du meſme ſang que les Rois de France : Mais Loüis Fils d'Arnoul, eſtant mort apres luy ſans Enfans, ce pretexte ceſſoit. Neantmoins, Henry l'Oiſeleur, Succeſſeur de Conrad, qui l'auoit eſté de Loüis, ne laiſſa pas de pretendre à la Lorraine, mais il n'auoit ny Titre ny fondement pour appuyer ſes

Flodoard.
Continua-
tor Rheg.

pretenſions. Charles, qui merita deſſors d'eſtre appellé le Simple, luy accorda tout ce qu'il voulut, pour tirer quelque ſecours de luy côtre Robert. Henry s'accommoda en ſuite auec Gislebert, & le fit

ſon

son Beaufrere, pour en faire son Suiet. Mais apres la mort de Char-Fodoard.
Sigebert.
Regin. ad
Ann. 939.
les le Simple, Loüis IV. son Fils & son Successeur, remit la Lorraine
sous son obeïssance, & rappella le Duc Gislebert à son deuoir. Il
fut neantmoins contraint de l'abandonner incontinent apres l'u-
surpation d'Othon le Grand. Ce Prince, aussi Politique que
Guerrier, se l'asseura en la donnant. Iugeant par la connoissance
de son peu de droit, des difficultez qu'il auroit à se la conseruer, il
engagea tous les Prelats à la deffense de ses interests, en les leur
rendant communs. Il leur donna des Villes & des Territoires, sur
lesquels il ne se reserua que la Souueraineté, Il leur fit tomber ainsi
des mains les Armes qu'ils prenoient souuent pour les Rois de
France, leurs legitimes Princes. Ce bien-fait fit tant d'impression
sur eux, que d'abord ils deuinrent Allemans, comme l'estoit leur
bienfaicteur. Il leur fut liberal du bien du Roy de France, pour les
luy oster; & leur donna des Prouinces de l'Estat François, pour les
attacher aux interests de celuy d'Allemagne. Les Princes ne font
iamais de si promptes ny de si durables Conquestes par leurs Armes, comme ils en font par leurs bien-faits.

II.

QVoy que le Regne de Lothaire, qui succeda à Loüis, ne fut pas
accompagné de plus de bon-heur que celuy de son Pere, il
témoigna plus de ressentiment de cette perte. La Haute Lorraine
estoit possedée par Frideric d'Alsace, qui par sa sagesse l'auoit mise
à couuert des desseins de Lothaire. Ce Prince en effet tourna Guil. de
Nangis.
Sigebert.
toutes ses pensées vers la basse Lorraine; & Othon II. pour diuer-
tir l'orage qui le menaçoit, en fit vn present à Charles, Frere de
Lothaire. Ce Prince fut assez facile pour la receuoir des mains de
l Ennemy de son Païs, & assez inconsideré pour s'en declarer le
Vassal. Ce fut pour luy qu'elle fut erigée en Duché l'An DCCCC. 977.
LXXVII. Mais Lothaire pour tirer vengeance de cette iniure, que
son Frere & son Ennemy luy auoient faite, arma si puissamment
qu'il se rendit bien-tost le Maistre de l'vné & de l'autre. Toutefois Sigebert,
ad An 978.
Guill. de
Nangis.
ce que la Guerre luy auoit donné, vne Conference qu'il eut trois
ans apres auec Othon, le luy osta. On fit goûter à Lothaire, pour
terminer ces differents, qui auoient déia causé tant de maux, de ne Aimo in
l.5.c.44.
pas disputer à Othon sa possession; & à Othon, de ne pas disputer à Geibert.
Ep. 35.
Lothai-

Lothaire sa Souueraineté. La conclusion de cette Conference fut qu'Othon reconnut de tenir la Lorraine en Fief de la Couronne de France, & *In Regis Francorum Clientelâ*, comme parle Gerbert, qui fut depuis esleué à la Papauté sous le nom de Siluestre II. Ce Traitté affermit Charles dans la possession de la Basse Lorraine, & Frideric dans celle de la Haute. Mais ce ne fut pas pour long-temps. Othon estant mort en Italie, Lotaire rentra dans la Haute Lorraine à la teste d'vne Armée. Il s'en rendit le Maistre, nul n'ayant olé luy resister, à la reserue de Godefroy, Comte de Verdun, qui fut chastié de sa temerité. La Mort ne luy permit pas de iouir long-temps du fruit de sa Victoire ; & Louïs son Fils ne le suruécut que d'vne Année. Charles ne leur succeda point, encore qu'il fut leur plus proche. La Lorraine luy causa la perte de la Couronne & celle de la vie : Mais perdre la vie apres auoir perdu vn Royaume, c'est vne

Bouchet. Dauid Blondell.

consolation. Hugues Capet, qui décendoit de Childebrand, Frere de Charles Martel, succeda à Loïs. Il fut trop occupé dans sa Maison pour porter ses pensées au dehors ; & d'ailleurs, les Gouuernemens, qui auoient commencé à deuenir hereditaires dans les Familles, dés le Regne de Charles le Simple ; n'auoient plus d'autre qualité, ny en France ny en Allemagne. Comme les Rois d'Allemagne cefferent de s'interesser en ce qui regardoit la Lorraine, les Roys de France n'eurent plus la mesme ardeur. Durant plus de trois cent cinquante ans, apres la mort d'Othon III. ceux-là n'ont exigé ny reconnoissance ny deuoir des Ducs de Lorraine. Apres la Bataille de Poitiers, qui auoit rendu le Roy Iean prisonnier des Anglois, Charles IV. Empereur d'Allemagne, conuoquá vne Diette dans la Ville de Mets, comme dans vne Ville Imperiale. Il y eri-

I. Iac. Chi ff. in Commēt-Loth. c. 3.

gea le Comté de Pont-à-Mousson en Marquisat, & y fit quelques autres Actes de pure Souueraineté sur la Lorraine. Si Iean eût esté moins mal-heureux, Charles auroit esté plus retenu. Ne antmoins Iean repondit à ces Actes par vn seul incomparablement plus éclatant. Il erigea le Comté de Bar en Duché : & le Duc Iean n'ayant pas encore atteint l'âge prescrit par le Droit Commun, pour auoir la conduite libre de son bien, recourut au Roy, qui l'en dispensa. Le prince qui dispense de la Loy, ne sçauroit mieux monstrer qu'il a le droit d'en imposer, ny mieux prouuer sa Souuerainete sur celuy qu'il en dispense. L'An M.D.XLIII. l'Empereur, les Electeurs, & les Membres de l'Empire,

recon-

reconnurent dans la Diette de Nuremberg que la Lorraine eſtoit
vn Eſtat libre, indépendant, incorporable, & exempt de la iurifdi-
ction & des contributions de l'Empire. Il en fut fait vn Contract
authentique & ce Contract eſt vne preuue auſſi forte que ſo-
lemnelle, que l'Empire d'Allemagne n'a point auiourd'hui de
droit de Souueraineté ſur le Duché de Lorraine : comme ces ob-
ſeruations en ſont vne auſſi brillante qu'infaillible, qu'il n'en a
iamais eu de legitime.

III.

MAIS, SIRE, c'eſt trop abuſer de l'Auguſte Titre de l'Empire.
Le porter au dé là du Rhin c'eſt l'enuoyer en exil. Vous eſtes
le ſeul Empereur des Chreſtiens, comme vous eſtes le ſeul heritier
de Charlemagne. Ces deux qualitez ſont inſeparables, & vous ne
pouuez en garder l'une & renoncer à l'autre. Il falloit vne vertu comme celle de Charlemagne, pour rendre la vie à l'Empire
Romain, quatre cens ans apres ſon aneantiſſement. Il fut declaré Empereur libre, Souuerain, & independant; & l'Orient meſme
conſentit à la gloire de cette prodigieuſe lumiere, qui ſe leuoit du
coſté d'Occident. Cette Souueraine Dignité fut deslors ſon bien
propre: ce qui eſt donné ſans condition eſt toûiours tranſmiſſible.
L'Empire Romain deuint ainſi hereditaire dans ſa Maiſon, & le
droit de ſes Succeſſeurs legitimes. Il en diſpoſa en effet, & Louïs
le Debonnaire qui le receut de ſes mains, ayant le meſme droit eut
la meſme liberté. Les Papes ne témoignerent pas de deſaprouuer
ce que ces Princes auoient Ordonné: nulle Puiſſance Chreſtienne
ne mit leur Droit en doute. Apres la Bataille de Fontenay, l'Empire
entra dans le partage de la Monarchie Françoiſe, entre les Enfans
de Louïs. Lothaire à qui il écheut, le laiſſa à Louïs ſon ſecond Fils.
Louïs, qui fut le ſecond Empereur de ce Nom, eſtant mort ſans
Enfans masles, Charles le Chauue, ſon Oncle, qui ſe pretendoit
ſon legitime Succeſſeur, prit d'abord le Titre d'Empereur; qu'il
laiſſa à Louïs le Begue ſon Fils, comme un Droit hereditaire. Si
celuy-cy eût eu en mourant vn Succeſſeur capable de Regner, nul
ne luy auroit diſputé l'Empire, non plus que le Royaume. Comme
Louïs & Carloman vſurpérent le Royaume, Charles le Gras vſurpa
l'Empire, qu'il laiſſa à Arnoul. L'vn & l'autre eſtoient du Sang de
B

Char-

Charlemagne, & l'éclat de leur Naissance couurit le vice de leur
vsurpation. Mais apres leur mort, l'Empire, leurs Terres, & leurs
Biens, ont deu venir à vos Predeçesseurs, SIRE, comme à leurs legitimes & necessaires Heritiers. La Loy Salique ne souffroit pas
qu'ils en eussent d'autres. Conrad, Othon le Grand, & ses Successeurs, n'ayant pas droit de demander cét Honneur, il n'a pû leur
estre accordé auecque iustice. L'Or de la Couronne Imperiale
estant confondu auec celuy de la Couronne Royale des François,
quel moyen ya-t'il eu de les separer?

IV.

QVELLE apparence que le Siege de l'Empire Romain ait pû
estre porté, où mesme les Romains n'ont pas Regné : Qu'il
soit hors de ses limites ? Quel iugement feroit-on d'vn Prince
d'Italie, qui voudroit persuader qu'il est l'Archiduc d'Austriche?
que son Païs est éloigné de trois cens lieuës de son Païs? Si ce Droit
ne peut subsister sans le secours de cette fiction, il est sans doute vne
chimere. Et certes, comme il est l'ouurage des desordres publics,
il est l'Idole de l'Ignorance grossiere. Aussi les Empereurs d'Allemagne les plus iudicieux, se sont fait Couronner par les Papes,
pour donner vne reelle existence à ce droit imaginaire Pour le
rendre solide , ils ont tâché de le rendre sacré. Mais les
Souuerains Pontifes n'ont pas offensé vostre droit, SIRE,
il n'est pas à croire qu'ils en ayent eu la pensée. S'ils ont
Couronné ces Princes, ce n'a pas esté de la Couronne Imperiale
de Charlemagne. Depuis que de Rome elle passa les Alpes, sur la
Teste de ce Grand Monarque, nul de ses Successeurs ne l'a renuoyée
en Italie, ou enuoyée en Allemagne. Aussi les Historiens qui ont
écrit auant le Regne de Charles IV. ne donnent à ces Empereurs
aucuns auantages sur les Rois de France. Reginon ne les nomme

iamais que Rois : Conrad, Abbé d'Vsperg ; Lambert de Schafna-
bourg, & Othon de Frisinghen, les nomment rarement Empereurs.
Comme l'Homme est la mesure de toutes choses, au iugement des
Philosophes, les Honneurs des Rois de France, qui sont entre les
Rois la plus haute esleuation de la Dignité, sont la mesure de tous
les Honneurs. Ils se contentoient d'estre appellez Rois ; on ne
douta point que l'ambition de ces Princes ne deût estre satisfaite,
s'ils estoient appellez Rois comme eux.

V. Et

V.

ET certes durãt plus de trois cens Ans, nul Empereur n'a difputé
aux Rois de France la primauté de la preeminence. L'abbé Re-
ginõ parlant de la Conferéce de Charles le Simple auec Henry l'Oi-
feleur, nommé Charles le premier: Il rend ce refpect à la Dignité de
Roy de France, non au merite de la perfonne qui n'auoit point
d'éleuation fur le commun. Dans le Traitté fait alors entre ces deux
Princes, le mefme ordre eft obfervé ; Henry n'y eft nommé
qu'apres Charles. Celuy-cy y a la qualité de Roy des François
Occidentaux, & Henry celle de Roy des François Orien-
taux. C'eft ce Henry, qui ayant fuccedé à Othon, a ébranlé
auec plus de iugement, & par confequent auec plus de force, que
nul de fes Predeceffeurs, le droit de la Souueraineté de la France fur
la Lorraine, pour y affermir la fienne. Henry II. Succeffeur d'Othon
III. ayant de mefme fait confentir l'An M. XXVI. Le Roy Robert,
petit Fils de Hugues Capet, à vne Conference auecque luy, ne con-
tefta pas fur ce Point. On fçait qu'en ces occafions l'Inferieur eft
obligé d'aller trouuer celuy qui eft en vn plus haut degré. Henry,
qui n'ignoroit pas les refpects qui font deüs à la Couronne de
France, par toutes celles de la Chreftienté, rendit cét honneur à
Robert. Si l'Empire eftoit la premiere dignité du Monde, Henry
luy auroit-il fait cette iniure ? Ce n'eft que depuis le regne de Charles IV. qui fucceda Loüis de Bauieres l'An M. CCC. XLVII. que
les Empereurs d'Allemagne ont tâché de s'éleuer iufqu'où ils font
enfin montez. Ce Prince regna pendant les cruels Symptomes
que fouffrit cette Monarchie apres la prife du Roy Iean, & fon
Regne fut de quarante ans. La foibleffe où eftoit cét Eftat, par la
perte de tant de fang qu'il auoit répandu ; & vn Regne fi long &
fi paifible, faciliterent à fon ambition les moyens de reüffir en tout
ce qu'elle entreprit. Il affeura à l'Allemagne, par la Bulle d'Or qui
porte fon Nom, conceuë en la Diette de Nuremberg, l'An M. CCC.
LVI. l'Empire, & la Souueraineté qu'elle pretendoit auoir. Il fit
dreffer vn denõbrement de tous les Eftats & de toutes les Prouinces qu'il fuppofoit dépendre de l'Empire, pour en cõpofer le Corps.
Il luy donna le Nom de Matricule de l'Empire, & auant luy on n'a-
uoit oüy parler de rien de femblable. Ses Succeffeurs y ont depuis
retouché fouuent : De forte que comme on en produifoit plufieurs,
& que l'on n'eftoit pas certain à laquelle il falloit principalement

B 2

adiû-

Reginо ad
An. 924.

Miræus
Not. Eccl.
Belgic.
cap. 61.

1026.

1347.

1356.
Dau. Blõd,
Tom. 2.
in Barro.
Capano.
Franc. 2.
Iac. Lamp.
De Repub.
Romano.
Germaniæ.
Part. 3. c. 3.

adioûter foy, il en fut fait vne nouuelle en la Diette de Vvormes
de l'An M. D. XXI. On y a compris des Eſtats & des Princes qui ne
dépendent nullement de l'Empire d'Allemagne, & la Lorraine eſt
de ce nombre. On n'a pas conſulté la verité quand on l'a faite.
On a tout donné à l'ambition & à l'oſtentation. C'eſt pourquoy
les Iurisconſultes les plus paſſionnez pour la gloire du Royaume
d'Allemagne, auoüent que cette derniere Matricule, non plus que
les autres, ne fait pas vne preuue entiere & parfaite contre les
Princes qui y ſont nommez, mais ſeulement quelque ſorte de pre-
ſomption. Si Charles fut aſſez ambitieux pour deſirer de s'éleuer
au deſſus des Rois de France, il fut aſſez iudicieux pour ne le point
témoigner. C'eſt l'ordinaire que le Prince qui reçoit vn Eſtranger
dans ſon Eſtat, ne s'attache pas étroitement à ſon droit dans les
ciuilitez qu'il eſt obligé de luy rendre. Cét Empereur eſtant venu
en France l'An M. CCC. LXXVII, Charles V. qui regnoit alors, re-
lâcha de meſme de ſon droit pour l'honorer. S'il s'y fut attaché il
l'auroit precedé en toutes choſes, au lieu qu'il l'égala à ſoy en pluſieurs. En d'autres il affecta de faire connoiſtre à ce Prince que la
Dignité d'Empereur d'Allemagne doit ceder à celle de Roy de
France. On ne luy preſenta point le Poële; on ne ſonna pas les
Cloches à ſon Entrée dans les Villes qui eſtoient ſur la Frontiere;
& lors qu'il entra dans celle de Paris le Roy prit le milieu entre luy
& Vuenceslas, Roy des Romains. Cette place, en ces occaſions, eſt
la plus Noble. L'Empereur Conrad entra dans la Ville de Rome,
entre Rodolphe Roy de Vienne & de Bourgogne, & Canut Roy
d'Angleterre, qui l'accompagnoient. Le meſme ordre fut ſuiuy
quand il alla à l'Egliſe où il deuoit eſtre ſacré Empereur, & quand il
en ſortit apres l'auoir eſté. Le plus grand éclat de cette Pompe, fut
de le voir marcher veſtu des Ornemens Imperiaux, & ayant la
Couronne ſur la Teſte, au milieu de ces deux Rois, qui eſtoient à
ſes coſtez. Le Roy proceda ainſi en cette occaſion ſi celebre, pour
ne pas donner cét auantage aux Empereurs d'Allemagne, de ſup-
poſer que ce qui n'auroit alors eſté accordé qu'à la ciuilité, l'eût eſté
au deuoir. La Maiſon d'Auſtriche a porté ſur le Trône d'Allemagne des peſées d'vne ambition auſſi déraiſonnable que déme-
ſurée. Elle le poſſede depuis CC. XXVII. ans, *au grand peril de la
liberté Germanique*, comme parle le Iurisconſulte Lampadius, & le

bon-

1521.

Chriſtoph.
Beſold.
Tract. Iu-
ris Public.
p. 3. cap. 5.
Io. Vurm-
ſer. Exerc.
Academic.
Exercit 1.
q. 16. & in
corollar.
1377.

Hiſt. de
Dauph.
liu. 10. c. 20.
Theod.
Godefroy
n'a pas fait
aſſez de re-
flexiō à ce
qu'il écrit
dans le Ce-
remonial
de France
Tom. 2.
f. 711.
Iac. Lam-
padius de
Rep. Ro-
mano-
Germ.
Part.
227.

bon-heur qui accompagne depuis si long-temps ses desseins, luy
en faisoit conceuoir qui n'auroient pû qu'estre funestes à la France, si la Vertu n'eût surmonté la Fortune. Vous auez repoussé ce
Torrent vers sa source, SIRE, il a regorgé sur les bords qu'il a noyez
de sang, & n'a point inondé vos Terres, vers lesquelles il s'em-
portoit d'vn cours precipité. Cette Puissance autrefois si redou-
table ne peut rien opposer auiourd'huy aux droits de vostre Couronne, qui ne monstre plus de vanité que de force. Cet Empire est
depuis long-temps, au iugement de Petrarque, *non vne matiere de* F. Petrach.
ioye, mais vne preuue de la fragilité Humaine, & de l'inconstance de la de remed.
Fortune. Le vostre, au contraire, SIRE, a toûiours conserué sa vsufruct.
Dignité, & par vous il recouure sa force. L'vne l'vnit inseparable- l. 1. Dial 93.
ment auecque l'Empire Romain, & l'autre fait que nul Prince que
vous ne peut dignement porter le Tiltre d'*Empereur des Romains.*

VI.

L A Monarchie Françoise ayant releué & r'animé l'Empire Romain, il en est inseparable. C'est de cet Empire, & non de
celuy d'Allemagne, que la Lorraine dépend. Les Ducs qui l'ont
possedée iusques a maintenant, ont tâché par cette raison, SIRE, de
persuader qu'ils sont sortis de vostre Auguste Maison. Ils ont com-
battu souuent les interests des Rois de France, en se ioignant à ceux
des Rois d'Allemagne : Ils cherchent neantmoins l'appuy des
leurs chez les Rois de France. Ne peut-on pas dire qu'ils ont imité
ces Plantes qui offensent les Arbres ausquels elles s'attachent pour
s'esleuer. Les grandes Riuieres n'ont qu'vne source, mais elles
entrent dans la Mer par plusieurs bouches. Les Grandes Familles
ne peuuent auoir qu'vne origine, quoy qu'elles remplissent la
Terre des fruits de leur fecondité & de l'éclat de leur Gloire. Tou-
tesfois, les Ducs de Lorraine ont supposé qu'ils sortent de la Maison
de France par trois canaux differens. Quelle verité peut Vasseburg
s'accommoder auec vne si estrange supposition ? Durant long- des Antiq.
temps ils ont feint de croire qu'vn des Fils de Merouée estoit le de la Gaule
Tige de leur Race : Apres ils ont publié que c'estoit Charles, Duc Belg. liu. 2.
de la Basse Lorraine, Frere du Roy Lothaire ; Et en fin desauoüants Roser. Sié-
& Merouée & Charles, ils ont reconnu Conrad, Duc de Franco- mat. Lo-
nie, & luy ont donné l'Empereur Arnoul pour Pere. La premiere tharing.
opinion eût vn si mauuais succez, que ceux qui la proposerent 44. & Tö.

B 3

passe- 4. c. 60.

pafferent d'abord pour ignorans en l'Ancienne Hiftoire: La fecon-
de n'acquît pas plus de loüange à fes Autheurs; Elle eftoit moins
efloignée de la vray femblance, mais elle ne l'eftoit pas moins de la
verité. Charles, qui mourut prifonnier de Hugues Capet, n'eût
que quatre Enfans qui luy furuêcuffent: ce furent deux Fils & deux
Filles. Les Fils furent Othon & Loüis, & les Filles Ermengarde &
Gerberge. Othon mourut fans Enfans l'An M. V. Loüis fut le Tige
des premiers Landgraues de Turinge, & fa Race finit l'An M. CC.
XLVII. Ermengarde efpoufa Albert Comte de Namur, & Gerberge Lambert, Comte de Louuain. De forte que les Ducs de Lorraine
ne peuuent entrer ny par les vns ny par les autres, dans la Maifon
de Charlemagne. Ils le peuuent encore moins par le moyen de
Conrad. Arnoul, Fils naturel de Carloman, Duc de Bauieres, merita tous les auantages que les legitimes auroient eus, fi Carloman
en auoit laiffez. Il n'y auoit rien alors dans les Defcendans de
Charlemagne, que les grandes Vertus de ce Heros ne defauoüaf-
fent. Arnoul feul, quoy que Baftard, fut la plus vraye & la plus
legitime expreffion des grandes qualitez de ce Monarque fi celebre. Il en foûtint avec honneur, durant fon Regne, la Dignité &
la reputation: & fa Naiffance douteufe ne fit pas que l'on doutât
que les honneurs dont il fut comblé ne luy fuffent deûs. Loüis fon
Fils luy fucceda, mais il mourut ieune & fans Enfans, & auec luy
fut enfeuelie, comme le remarquent tous les Hiftoriens Contem-
porains, la Branche de la Race des Carlouingiens, qui auoient
Regné dans l'Allemagne. Neantmoins de peu fidelles Efcriuains
ofent donner, pour Frere à ce Prince, Conrad, Duc de Franconie,
qu'ils font Pere de Conrad, Empereur d'Allemagne, & d'Euerard,
Duc de Vvormes. Ils adioûtent qu'Euerard, fut Pere de Sitfrid,
qui le fut d'Adolphe; comme Adolphe le fut de Renaut; Renaut
d'Euftache, Comte de Bologne; & celuy cy de Guillaume, & du
fameux Godefroy de Boüillon. Ils pretendent que les Ducs de
Lorraine viennent en ligne directe mafculine de ce Guillaume, &
par ce moyen de Charlemagne. Cette Fable a déia efté refutée, &
ie n'ay qu'à marcher fur les pas de ceux qui l'ont détruite. Quel
moyen que Conrad Duc de Franconie, ait efté Fils d'Arnoul, qui
n'auoit point encore d'Enfans legitimes l'An DCCC. LXXXIX. Loüis
luy nâquit quatre Ans apres, & luy fucceda agé feulement de fept
ans,

1005.
Dauid.
Blondell.
Tom. 2.
f. 250.

Loüis
Châtereau
le Feure,
en fes Me-
moires fur
l'Origine
de la Mai-
fon de
Lorraine
liu. 2.
879.

ans, l'An DCCC. LXXXXIX. Si Conrad auoit efté Fils d'Arnoul, il
n'auroit efté alors qu'vn Enfant, & peuteftre auroit-il efté dans le
berceau. La fucceffion accordée à Loüis, prouue qu'il auroit efté
fon aifné.   Mais le Duc Conrad fut vn des Deputez qu'Arnoul
enuoya la derniere année de fa vie, à la Conference de Goare, auec
ceux de Charles le Simple. Conrad, Fils de ce Duc, fucceda à Loüis
Fils d'Arnoul, l'An DCCC. XII. & tous les Hiftoriens font cette
remarque, qu'il eftoit vn grand Capitaine, & vn Homme côfommé
dans les Affaires, Le Duc Conrad, s'il auoit efté Fils d'Arnould,
n'auroit efté en ce temps-là âgé que d'enuiron dix-huit ans : Son
Fils, esleué à la fucceffion de Louis, ne l'auroit efté que de quatre,
n'eftant pas vne chofe ordinaire que les Hommes engendrent
qu'apres quatorze ans.   Où auroit donc efté ce grand Capitaine &
cet excellent Politique dont le merite eftoit fi éclatant, & les Vertus
fi celebres ? D'ailleurs, Sitfrid fut vn Danois qui exerça fur luy-
mefme la vengeance que luy preparoit Arnoul le Viel, Comte de
Flandres, dont il auoit forcé & violé la Fille. Adolphe fon Fils, &
de cette Princeffe, merita l'affection des Parens de fa Mere, par fes
excellentes qualitez, comme fon Pere auoit merité leur haine par
fa brutalité. Ils luy procurerent le Comté de Bologne, en luy fai-
fant efpoufer Mathilde, qui en eftoit l'heritiere. Et de luy & de
Mathilde vinrent les Comtes de Bologne. Euftache fut vn de leurs
Succeffeurs : Ide, Fille de Godefroy le Hardy, Duc de la Baffe
Lorraine, fut fa femme, & il n'en eut que trois Fils : ce furent
Godefroy de Boüillon; Euftache & Baudoüin. Godefroy le Boffu,
Duc de la Baffe Lorraine, & Comte d'Ardenne, & de Boüillon, infti-
tua Godefroy, ce fameux Conquerant de la Terre Sainte, fon He-
ritiér. Ce fut pourquoy il prit le Titre de Boüillon, que d'autres
croyent n'eftre que la corruption du Nom de Bologne. Euftache
fut Comte de Bologne apres fon Pere; & Baudoüin, Roy de Hie-
rufalem, apres Godefroy de Boüillon. Guillaume, que l'on fuppofe
auoir efté leur Frere, & l'Adminiftrateur des Terres de Godefroy de
Boüillon, pendant fon abfence en Afie, eft vn Nom fuppofé, On le
donne pour Pere à Theodoric, Duc de la Haute Lorraine ; mais il
eft vray que Simon I. fut Pere de ce Theodoric. C'eft de ces an-
ciens Ducs de la Haute Lorraine que le Duc Charles tire fon Origine, & non de ceux de la Baffe Lorraine. Il ne faut pas d'autre
re-

Io. Iac.
Chiffl,
Tom.1.f.
338. & 341.
Dau.Blod.
Tom.1. ad
Fin. Tom.
2. f. 271. &
in Tabulis
Genealo-
gicis Tab.
37. & 94.

reflexion pour prouuer l'ignorance & la mauuaise foy des Autheurs
de cette Fable. La Maison d'Alsace est la vraye Origine de celle
de Lorraine. Elle estoit si Illustre qu'elle auoit déia sous la premiere Race des Rois de France, vne esleuation qui en laissoit peu d'autres au dessus d'elle. Il est peu de Souuerains qui puissent remonter
aussi haut vers leur Source, que les Ducs de Lorraine, & ne point
faire de rencontre qui abatte leur vanité. Mais quelque Noble,
Grande, & Illustre que soit l'origine des Ducs de Lorraine ; le Domaine de vostre Couronne ne leur a pas deû estre moins sacré qu'au
reste des Hommes. Les Titres qui prouuent leur Noblesse, n'en
sont pas de legitimes à leur possession.

VII.

VOs Predecesseurs, SIRE, n'ont pas eu la liberté de deschirer le
Corps de vostre Estat, non plus que de briser vostre Couronne. Les Puissances Souueraines peuuent tout, à la reserue de se
détruire elles-mesmes. Cette impuissance est le fondement de leur
Grandeur, & le soûtien de leur Gloire. Le seul aneantissement est
la limite de leur pouuoir. Le Droit Public de l'Estat veut que toutes ses parties soient necessairement inseparables. Il condamne les
Alienations volontaires, & ne permet point aux inuasions de
changer de Nature. Cette Loy est la protection des Couronnes
independantes, contre la force iniuste, ou la foiblesse des Conseils.
La Lorraine estant vn Membre de la Monarchie Françoise, n'a pû
deuenir le Patrimoine des Descendans de Frideric. Ils n'ont pas
esté plus capables de posseder, à vostre preiudice, yne partie de
vostre Estat, que le tout. Si la possession de l'vne de ses Prouinces
est deuenuë iuste dans leurs mains, la possession de toutes pourroit
le deuenir de mesme dans celles d'vn Vsurpateur. A qui ce ne seroit
pas vn crime d'arracher vn Fleuron de vostre Couronne, ce n'en
seroit pas vn de l'auoir arrachée toute entiere des mains de ceux à
qui elle appartient legitimement. Supposer le dernier ce seroit
estre insensé ; Accorder l'autre ce n'est pas estre iudicieux. La Sagesse Politique n'admet point de prescription contre les Souuerainetez independantes : Comme il n'y en a iamais contre les Droits
de Dieu, il n'y en a point contre ceux des Princes qui ne dependent
que de luy. A leur égard, l'iniustice n'est iamais moins blâmable

en

en ſes progrés qu'en ſa naiſſance. Sa durée qui deuroit la rédre plus criminelle, n'en eſt pas l'excuſe entre les Souuerains, comme elle l'eſt entre les particuliers. Les Rois doiuent eſtre l'Ame & la Source de la bonne foy : On peut meſme dire que le Souuerain eſt la bonne Foy animée & regnante. Cela eſtant, la mauuaiſe Foy ne peut iamais apuyer les intereſts des Souuerains, ny les ébranler. Les choſes Saintes & Sacrées ſont hors de tout commerce, & par cette raiſon elles ne ſont pas ſuiettes à eſtre preſcriptes. Eſt-il rien de plus Sacré, ny de plus Saint, que la Souueraineté, ſans laquelle il n'y auroit rien de Sacré ny de Saint parmy les Hommes ? Le Souue-rain releue ſes Suiets de la preſcription, quand leurs Droits & leurs Actions y ſont tombez, donc il en eſt à couuert luymeſme par ſa ſouueraine Puiſſance. Seroit-ce pas vne Merueille, qu'il luy fut fa-cile de ſurmonter cét obſtacle dans les intereſts particuliers, & que cela luy fut quelquefois impoſſible dans les intereſts de ſa Couron-ne. Enfin, il eſt exempt de la domination des Loix Ciuiles, & par conſequent il l'eſt de la Tyrannie de la preſcription. S'il vouloit conformer ſa conduite dans les choſes particulieres à toutes les penſées du Droit Public, il ne ſeroit pas loüable : mais il le ſeroit encore moins, ſi dans les intereſts publics il regloit ſa conduite ſur les ſentimens du Droit Ciuil. Il traitteroit les choſes priuées comme publiques, & les publiques comme priuées. Quelle confuſion, quels deſordres ne rendroient pas ce Gouuernemént & funeſte & ridicule ? Auſſi dans les Eſtats où la Loy publique & la Coûtume Generale diſpoſent de la ſucceſſion, le Prince qui regne n'oblige point ſes Succeſſeurs. Ils ne ſont pas *tenus de ſes faits ny de ſes pro-meſſes*, comme parlent les Formaliſtes & les Praticiens. Les obliga-tions qu'il a contractées, ne luy ſuruiuent pas, à moins que leur cauſe eſtant auantageuſe à l'Eſtat, ne luy ſuruiue auſſi. On ne peut nier que l'abſoluë & Souueraine volonté de la Loy de l'Eſtat, ne nomme les Rois dans l'Empire François. C'eſt elle, Sire, qui vous a declaré Roy, & à qui vous deuez voſtre Couronne. Les Rois, vos Predeceſſeurs, vous ont donné l'Etre Naturel, mais cette Loy vous a donné l'Etre Royal. Ils auroient pû affecter voſtre Corps à des impreſſions auſquelles les leurs auroient eſté ſuiets, mais ils n'ont pû aſſuiettir l'authorité Souueraine qu'ils vous ont tranſmiſe, à aucune impreſſion de leur volonté, qui l'ait offenſée. Ainſi la

C   Lorrai·

Io. Angel. Vuerden-hagen Sy-nopſ. in Remp. Io. Bodini q. 41. lib. 1.

L. vſucapi-onem 9. ff. de vſurpa-tio. & vſuc.

Roger de præſcr. c.2. n. 9.

L. aliena-tionis. De verb. ſign. l. Vurmſer. Exerc. Iur. Pub. Exerc. 2. q. 20.

I. Bodin. Republ. l. 1. c. 8. f. 159.

Lorraine n'eſt pas moins vôtre que ſi vous auiez immediatement
ſuccedé à Charlemagne. Le Traitté que vous auez fait auec le Duc
Charles ne vous a point acquis de nouueau Droit; il n'eſt qu'une
reconnoiſſance de celuy que vous auiez. Vous n'auez pas acquis
la Lorraine, vous n'auez fait que la recouurer. Le Duc Charles n'a
rien donné à V. M. il n'a fait que luy rendre. Ie puis conclure ces
raiſonnemens par la penſée du Grand Iuriſconſulte Papinien; *Que
peut-on juger qu'il vous ait laiſſé du ſien, puiſqu'il eſtoit obligé de vous
rendre tout ce qu'il a laiſſé?*

L. Vnum
de Familia
§.1. ff. de
legat. 2.

VIII.

VOs Armes Victorieuſes vous en auoient déja fait la reſtitution
qu'il reſuſoit. Quand vous n'auriez pas eu ſur la Lorraine
vn Droit ſi ancien & ſi ſolide, la Victoire vous l'auroit donné.
Le Duc Charles s'eſtant vny à vos Ennemis, s'eſtoit obligé à n'
auoir qu'vne meſme Fortune : Quand le Droit de la Succeſſion
& celuy de voſtre Couronne auroient laiſſé entre V. M. & luy,
quelque matiere de controuerſe, celuy de la Guerre l'auroit re-
ſoluë. Ce que la Nature donne elle-meſme n'eſt pas plus legitimement acquis que ce qui s'acquiert par la Guerre ſur l'Ennemy. Si
le Duc Charles & ſes proches auoient conſenty à vôtre poſſeſſion
de la meilleure & de la plus forte maniere que l'on pût exiger d'eux,
vous auroient-ils acquis plus legitimement ce que le conſentement
preſumé de toutes les Nations, vous a donné, par les mains de la
Victoire & du Droict des Gents ? Ce Droit authoriſe les Con-
queſtes dans les Guerres iuſtes, & il n'en eſt point de plus iuſtes
que celles qui arment les Souuerains contre leurs Vaſſaux ingrats
& rebelles. De maniere que ſi le Duc Charles n'auoit pas la liberté
de vous ceder auec effet vne proprieté que le droit de la Guerre
vous a acquiſe, il ſeroit plus inuincible dans la Paix qu'il ne l'a eſté
dans la Guerre. Si cela eſtoit, rien ne pourroit iuſtifier vos con-
queſtes, & s'il n'eſtoit pas permis au Vaincu d'auouër ſolemnelle-
ment qu'elles ſont iuſtes, quel iugement auroit-on ſuiet d'en faire ?
L'Empereur, & le Roy d'Eſpagne n'ont pas conteſté à V. M. la
proprieté des Prouinces, des Villes, & des Territoires que le droit
des Armes vous a adiugée. Quelque éleuation que ſoit la leur ſur
le Duc Charles, ils ont ſuiet de luy porter enuie, ſi par nul Traitté il

L. natura-
lem §. idē
quæ ff. De
acquir. rer.
Domin. l.
poſſeſſio 1.
§. Domini-
aque ff. de
Acquirēd.
aut amitt.
poſſeſſ §.
ité & Inſt.
de rer. Di-
uiſ.

P. Du Puy,
Traittez
touchant
les Droits
du Roy, f.
559.&1000.

ne

ne peut confentir à vos Conqueftes. VOSTRE MAIESTE' n'auroit
pas droit de retenir ce qu'il n'auroit pas droit de vous ceder. Le
fruit de vos Combats dépendroit de la volonté. Le Vaincu donne-
roit ainfi la Loy au Victorieux; & eftant vray que celuy qui a le
profit de la Guerre en a l'honneur, le Duc Charles pretendroit à
cét honneur auec autant de raifon que V. M. Quelle bizarre
Merueille eft celle-cy ? on veut égaler par des raifonnemens la dé-
faite à la Victoire.

IX.

D'AVANVAGE, la Lorraine a toûiours efté vn Eftat purément
Hereditaire & Patrimonial. Ce n'eft point vne Loy Statu-
taire ny vne Coûtume qui luy foit propre, qui en regle la fucceffion, mais le Droit Commun. La Princeffe Nicole fucceda au Duc
Henry fon Pere, & la porta dans la Maifon des Comtes de Vaude-
mont, par fon Mariage auec le Duc Charles. Celuy-cy n'y peut
pretendre de Droit que par elle, & par la force du mefme Droit.
Cette Princeffe n'ayant pas la liberté de defendre fes interefts, l'in-
troduction de la Loy Salique dans cét Eftat, pendant fon Mariage,
ne les a point offenfez. Ils eftoient fous la protection de fon Mary
& de fon Beau-pere : ils n'ont pû les toucher que pour les appuyer,
& non pour les ébranler. La Lorraine, quelque changement que
l'on ayt tâché d'y introduire, n'a pas changé de qualité. Telle-
ment que rien n'a empefché que le Duc Charles n'en ait difpofé
comme de fon bien propre. C'eft vne regle du Droit Civil, que
chacun eft l'arbitre & le libre Maître da fon bien. Il auroit donc
pû vendre fes Droits fur ce Duché, & fes Proches n'auroient pas
de iufte fuiet de s'en plaindre, non plus que luy, s'ils auoient difpofé des leurs. On a mefme douté fi les Empereurs & les Rois
abfolument & independemment Souuerains, ne peuuent point
donner leurs Eftats à d'autres que leurs Proches. Si cette diffi-
culté doit eftre vuidée par les exemples, l'Hiftoire ancienne
en fournit plufieurs qui feront la preuue qu'ils le peuuent. La
Loy Royale a mis dans les mains des Souuerains toute l'authorité
& tout le prouuoir qu'auoient les Peuples libres. Donc ils
ont celuy de donner à leurs Suiets tel Maître qu'ils voudront,
& d'en faire le choix, comme le Peuple l'auroit fait s'il eftoit libre. Leur volonté n'eft pas feulement la Regle & la Loy de celle

L. in re
mandata
21. C. Man-
dat.

Chriftoph.
Befoldus
Tract. Iur.
Publ. 3 c.2.
Frãc. Hot-
mã. Quæft.
Illuftr. q.1.
Vincent.
Cabotius
Difp. Iuris
Publ. &
priuat. l. 1.
c. 10.14.

I. Vurmſer.
Exercit.
Academ.
jur. public.
Exercit. 2.
c. 18.
Thomas
Hobbes
Du Corps
Politique
ch 6. &
Part. 2.
ch. 1.
Thomas
Hobbes
De Ciue
c.9.n.12.13.

Vincent
Cabot l.1.
c. 12.

§.1.De ali-
enat. feu-
di. in §.1.
De Benef.
Fratr. Ant.
Cont. de
feud. c.9.
10.
Boëtius
qu 204.
Ant. Faber
Cod. de
iure Em-
phyth.def.
5. & 75.
I. Bodin.
Rep. l.1.
c.10.
C. Beſold.
Tract. de
iure Publ.
P.5. c.4.

de leurs Suiets, elle en eſt la ſeule volonté. La Souueraineté ne
conſiſte qu'en ce ſeul Point, que la volonté du Souuerain ſoit tenuë
pour la volonté de tout le Peuple en general, & de chaque Citoyen
en particulier. Il repreſente tout le Corps de l'Eſtat, & en a toute
la Force, toute la Vertu, & tout le Droit. Le Peuple n'eſt pas meſmes
vn Corps different ny ſeparé de luy. De ſorte que ce que veut le
Souuerain, le Peuple ne ſçauroit ne le vouloir pas; non plus qu'en
vn meſme moment vn Homme ne ſçauroit & vouloir & ne vouloir
point la meſme choſe. Par ces raiſons de Sçauants Hommes ont
eſté perſuadez de croire que le Souuerain n'a pas ſeulement le
Droit de donner ſon Eſtat, en mourant, par la voye de la diſpoſition
Teſtamentaire, mais auſſi de le donner entre-vifs, ou de le vendre.
Le plus grand, de meſme que le plus brillant des Priuileges de la
Souueraineté, c'eſt d'être à elle meſme ſon propre Droit & ſa propre Iuſtice. Neantmoins, ce qui eſt ſuiet à conteſtation, à l'égard
des Souuerainetez independantes, ne l'eſt pas à l'égard des autres.
C'eſt meſme improprement que le Titre de Souueraineté eſt donné
aux Principautez qui releuent d'vne Puiſſance. Celuy-là n'eſt pas
dans le ſupréme degré de l'authorité, qui n'eſt pas au plus haut;
& on ne peut reconnoiſtre de Prince que l'on ne luy accorde celuy-
cy. En ce cas les Principautez dépendantes participent de la nature
des Fiefs. Par cette raiſon elles ſons ſuittes à la Loy, & au Droit des
Fiefs. On ne diſpute pas au Feudataire la liberté de diſpoſer de ſon
Fief, de meſme que de ſes autres biens. Tous les Fiefs, de quelque
qualité qu'ils ſoyent, ſont auiourd'huy Patrimoniaux dans l'uſage
de ce Royaume : La Lorraine eſtant dans ſes limites, eſt ſans doute
ſuiette à cét vſage. Ses Ducs n'ont iamais eſté mis au rang des Princes Souuerains, ils ont toûiours eſté conſiderez comme Vaſſaux &
Feudataires. Mais ils affectoient d'eſtre crûs tels en faveur de
l'Empire d'Allemagne. Ils faiſoient de cette Fable, vn retranche-
ment entr'eux & la France. Si le temps leur eſt vn Titre legitime;
Si par luy leur poſſeſſion a pû deuenir iuſte au preiudice des pro-
prietaires legitimes & iuſtes de la Lorraine, il eſt certain qu'il n'a
point eu la force de les rendre abſolüment Souuerains. Les Iuriſ-
conſultes qui croyent que les Droits Royaux ſont præſcriptibles,
croyent auſſi que cette preſcription n'a d'autre effet que d'acquerir
à la poſſeſſion qu'elle confirme, la qualité & la nature du Fief. Le
Poſſeſſeur eſt conſideré comme Feudataire : Il ne luy eſt iamais
poſ-

possible de se detacher absolument de la Souueraineté a qui sa
possession fait tort. Si la prescription luy est vn moyen qui le mette
à couuert de la peur d'estre contraint de vuider ; elle n'en est pas vn
qui l'exempte de la reconnoissance qu'il doit à la Souueraineté, que
ses Predecesseurs ont offensée par leur vsurpation. Le Duc Charles, pendant qu'il possedoit la Lorraine, estoit par cette considera-
tion Vassal & Feudataire de la Couronne & de l'Estat de France.
Il n'est pas de pire condition que les autres Feudataires, si ce n'est
que l'on pretende que l'estenduë de son authorité, dans vn Fief si
Noble, & de cette qualité, luy soit desauantageuse. Elle le seroit s'il
pouuoit moins que les Feudataires foibles & impuissants. Il luy
estoit donc libre de disposer de son Fief, comme il l'est aux autres
Feudataires : Et à plus forte raison il à bien pû consentir à sa reünion, & à sa consolidation au Domaine Royal d'où il est premierement sorty. Il n'a rien adiousté à vostre Droit, SIRE; la proprieté
de la Lorraine souffroit vne iniuste violence : Il luy a enfin permis
de retourner à son principe, où sa propre Nature la portoit. Les
Peuples de cette Prouince trouuent leur salut dans ce changement:
Cette reünion est le plus propre & le plus asseuré remede qu'ils
pussent desirer aux miseres qui les accabloient depuis si long-temps.
Le Salut du Peuple est la Souueraine Loy : 'quand nulle autre n'ap-
puyeroit ce fameux Traitté, il ne seroit pas moins legitime. Il est
vn bien-fait qui les tire de leurs maux. L'obeïssance qu'ils ren-
doient à V.M. n'auoit encore ny le prix ny le merite d'vne action
vertueuse. Elle commencera à l'estre, puisqu'ils ont commencé à
estre François. C'est vn glorieux avantage aux Vaincus d'estre
rendus égaux aux Victorieux ; d'estre appellez à la liberté publique, & à la participation de la Victoire. Ils auront part aux Droits
des Citoyens, & ne gemiront plus sous la rigueur des Droits de la
Guerre. Le Duc Charles a commencé à bien meriter d'eux, quand
il a ioint son consentement à celuy de la Victoire, & voulu comme
elle qu'ils soient Françoies. La volonté du Prince est la Loy Souueraine du Peuple ; & le Salut du Peuple est la Loy Souueraine du
Prince. Le Duc Charles a écouté cette Loy. Le Prince qui l'offence, n'offence pas moins son deuoir. La Paix est vtile aux Vaincus,
mais pour les Victorieux elle est seulement belle, dit vn Ancien. Ce Tacit. Hist.
Traitté est ainsi auantageux à la Lorraine, comme il est Glorieux à l.3. c. 13.

C 3

la

la France. Si les Princes du Sang du Duc Charles s'oppofent au bonheur de leur Patrie, n'eft-il pas vifible que leurs plaintes contre ce Traitté ne procedent que de leurs paffions particulieres ? Leur efperance trompée fe conuertit en douleur. Ils regardoient la Lorraine comme vn bien qu'ils fe promettoient de poffeder vn iour: Ils font touchez auffi fenfiblement de la perte de leur efperance, que les autres Hommes le font de celle de leur poffeffion. Ils croyent, SIRE, que vous leur auez ofté ce qu'ils ne poffedoient point, & ce qu'ils n'eftoient pas affeurez de poffeder. Ils ne pouuoient rentrer dans la Lorraine, fans vous en faire fortir. Mais leur eftoit il poffible de furmonter ny voftre Droit ny vos Armes? Les exemples de beaucoup d'autres Princes qui n'ont pas efté plus fauorablement traittez par les Chefs de leurs Maifons, deuoient

Chr. Iuftel.
Hift. de la
Maifon d'
Auuergne
1 5. chap. 2.
Hift. de
Dauph. l. 11

moderer leur reffentiment. Le Dauphin Humbert II. donna fon Païs à Charles, Fils du Roy Philippe de Valois, quoy qu'il eut des Proches capables de luy fucceder. La Branche de la Tour de Vinay n'eftoit pas éteinte. Remond, Prince d'Orange, eftoit Fils d'Anne, Fille de Guy Dauphin, & par confequent il efperoit auec iuftice cette Illuftre fucceffion. Neantmoins, ny les vns ny les autres n'oferent oppofer leurs interefts à la volonté de Humbert; ils ne douterent point qu'elle ne fuft iufte, encore qu'elle ne leur fuft pas fauorable. Loüis II. Comte de Valentinois & de Diois, imita l' exemple de Humbert, cinquante cinq ans apres. Il vendit au Roy Charles VI. ces deux Comtez, au prix de cent mille Efcus d'Or. Quelque empefchement que Loüis de Poitiers, Seigneur de Saint Vallier, & apres luy fes Heritiers, fiffent naître, durant prés de trente ans, pour ruiner ce Contract, leurs efforts furent inutiles. Les Dauphins & les Comtes de Valentinois eftoient Souuerains, comme les Ducs de Lorraine. Les Souuerainetez indépendantes font vn bien public, ce que les autres ne font pas : celles-là ne reconnoiffent que l'authorité du Droit Public, & celles-cy font encore foûmifes à celles du Droit Ciuil. I'adioûterois, s'il en eftoit befoin, plufieurs Exemples à ceux-là, & appuyerois ces raifons par d'autres. Ie n'obmettrois pas, SIRE, les Droits que V. M. a fur la Lorraine, du chef de la Maifon d'Aniou, & de la Ducheffe Nicole. Mais ie me perfuade que les plus fermes dans leurs opinions fe defabuferont par les reflexions que ie leur donne fuiet de faire. Cependant, SIRE,

quel-

quelle obligation ne vous a pas voftre Couronne ? Toutes vos pen-
fées n'ont que fa gloire pour fin : Toutes vos actions ne tendent
qu'à la faire agir auec-le mefme éclat qui la rendoit fi admirable
fur la Tefte de fes premiers Heros. Elle vous coniure, SIRE, par
l'intereft de voftre repntation & de la fienne, de ne luy pas ofter ce
que premierement vos Victoires, & apres le confentement du Duc
Charles luy ont donné. Si ny la Guerre, ny le Contract, ne font,
pour voftre Eftat, de legitimes moyens d'acquerir, quelle efperance
peut luy refter de recouurer iamais fes pertes, & de rappeller fon
ancienne Dignité ? Mais, SIRE, on ne doute pas que vous ne
témoignez en cette occafion quelle eft la force de voftre Ame,
comme vous auez montré en tant d'autres quelle eft celle de vos
Armes. L'vne ne doit pas eftre moins inuincible que l'autre. Et
certes voftre Prudence rend voftre Ieuneffe digne d'eftonnement,
& voftre Ieuneffe eft l'Eloge de voftre Prudence. Vous n'auez pas
fi-toft voulu regner que vous en auez efté capable. Vous regnez en
effet, & nul ne regne par vous. Dans l'âge où les autres Princes
ont à peine affez de lumiere pour regler leur particuliere conduite,
vous en auez pour le Gouuernement du plus grand Royaume de la
Chreftienté. Enfin, SIRE, ce vous eft vne loüange immortelle,
qu'encore que plufieurs de vos Predeceffeurs ayent efté Roys dans
leur berceau, nul, neantmoins, n'a comme vous, fi-toft
commencé à Regner.

F I N.

www.ingramcontent.com/pod-product-compliance
Lightning Source LLC
LaVergne TN
LVHW022250030726
842520LV00009B/2057